직박구리에게 배우다

김은아 시집

시와사람

직박구리에게 배우다

2024년 5월 25일 인쇄
2024년 5월 30일 발행

지은이 김은아

펴낸이 강경호 편집장 강나루 디자인 정찬애
펴낸곳 도서출판 시와사람
등록 1994년 6월 10일 제 05-01-0155호
주소 광주시 동구 양림로119번길 21-1(학동)
전화 (062)224-5319   E-mail jcapoet@hanmail.net

ISBN 978-89-5665-721-9   03810

값 12,000원

＊잘못된 책은 구입하신 서점에서 바꾸어 드립니다.
＊지은이와의 협의로 인지를 붙이지 않습니다.
＊이 책은 광주문화재단 예술육성지원사업에서 제작비를 지원받았습니다.

이 도서의 국립중앙도서관 출판예정도서목록(CIP)은
서지정보유통지원시스템 홈페이지(http://seoji.nl.go.kr)와
국가자료종합목록 구축시스템(http://kolis-net.nl.go.kr)에서
이용하실 수 있습니다.

직박구리에게 배우다

ⓒ 김은아, 2024
이 책의 저작권은 저자에게 있습니다.
저작권에 의해 보호를 받는 저작물이므로 저자의 허락 없이
무단 전재와 복제를 금합니다.

■ 시인의 말

나의 시는 나의 자서전이다

묵정밭에 씨를 뿌렸으니
그 싹을 키우고 줄기를 기르고
눈 속에 발이 푹푹 빠질 때
마음의 빗장을 풀고
땅속에 감춰진 언어를 조심스럽게 꺼내었다
시를 쓰면서
내 마음의 서랍을
수없이 열었다가 닫기를 반복하며
늑대의 하울링처럼 울었다.

2024년 봄날에
김은아

직박구리에게 배우다 / 차례

시인의 말 · 5

제1부 흔들리는 길

14 흔들리는 길
15 직박구리에게 배우다
16 그 섬에 내가 있었네
18 그냥 꽃이 아니다
20 홀로 걷는 가을 길
22 나이 들어가면서
23 가을 들녘에서
24 숨이 막힌다
25 묘지
26 가방의 무게
27 물든다는 것
28 통증
29 이제야
30 병원에서
32 다낭의 물결 따라
33 모과처럼

백일홍 핀 날 34
겨울 섬진강에서 36

제2부 역설

역설 38
동백꽃 39
봄은 오지다 40
몽돌 해변에서 시집을 읽었네 41
하얀 고양이 42
매화밭에서 44
봄 공원에서 45
봄, 섬진강에서 46
동백꽃 봄 47
지리산의 봄 48
초록의 계절 49
비응항 50
모항에서 51
낙엽을 바라보며 52

53   라일락이 피었다
54   오월, 어느 날
55   잡초
56   구상나무가 아프다

제3부   어머니의 밥상

58   어머니의 밥상
59   걱정마셔요
60   이팝나무
62   감태
63   늙어가는 섬
64   팔금도 3
66   간장 항아리
67   빈 집
68   빈집들이 있는 풍경
69   돌하르방
70   풍경을 담다

팔월 71
무더위 속의 언덕을 오르다 72
소망 74
빗소리에 젖어 75
사춘의 봄날 76
서승현 시인 77

제4부 귀에 붕대를 감은 자화상

귀에 붕대를 감은 자화상 80
재난문자 81
검은 그림자 82
팽목항에서 84
주먹밥 86
동백꽃 87
영웅이라고 부르지마 88
하얀나비 89
또 다시 오월 90

92 　해무
93 　등에 진 것은 짐이 아니다
94 　길 위의 낙타
95 　시의 빛깔
96 　잘못 든 길
97 　연실蓮實
98 　열대야에
99 　태풍이 지나간 자리
100 　붕어빵

작품론
101 　生의 깊이와 생각의 깊이 / 강경호

직박구리에게 배우다

제1부

흔들리는 길

흔들리는 길

며칠째 폭설주의보가 내리고
신경을 곤두 선 초긴장 상태로
칼바람 사이 뚫고 출근한다

눈발은 바람에 어지럽고
외출한 가족의 안부가 불안하다

인생은 폭설의 연속이어서
늘 미끄러워 흔들리는 길,

천 번을 흔들려야 꽃이 피고
천 번을 흔들려야 엄마가 되고
천 번을 흔들려야 강을 건널 수 있다

푹푹 빠지는 발걸음 내딛으며
미끄럽고 흔들리는 길을 간다.

직박구리에게 배우다

마당에 직박구리 한 쌍 찾아왔다
늘 함께하는 부부이다

한참을 두리번거리다가
대야에 받아 둔 물에서
날개를 펴고 어린아이 물장난치듯
건반 위 음표처럼 경쾌한 몸짓으로
서로의 악기가 되어 연주한다

허공에서 부리를 맞대기도 하고
날갯짓 맞장구 치며
길 없는 길 내며 온

앞서지도 뒤서지도 않는 나란히 가는 길
어느 순간도 같이하여
영원永遠이 된다는 것
직박구리 한 쌍이 가르쳐 주고 날아갔다.

그 섬에 내가 있었네*

두모악 갤러리*에
그가 있었네

주인 없는 그리움
생각할수록 그리움은 커지지만
내 내면과 마주한 날
생각하지 않으면 그 생각은 없어 편하고
생각도 한 생각
생각이 잠들어 버리네

자연은
가장 오래된 경전이라 했네
사진 속에서 일렁이는 용눈이 오름
오름마다 누워있는 나신의 여인들
육신이 죽어가도
여인들의 온기를 부활했네

오래된 친구처럼
연인처럼
내 마음 속에 살아있는

그가
그 섬에 있었네.

*그 섬에 내가 있었네 : 고 김영갑 작가의 오름 사진집 이름.
*두모악 갤러리 : 제주도 서귀포시 성산읍 소재.

그냥 꽃이 아니다

돌담에 기댄 벚꽃 핀 봄날,
정갈하게 비질한 듯
골목의 쓸쓸함을 지운다

바람 속에서 흔들리고 있는 꽃이 피기까지
사람이 살아온 궤적과 같았으리
그러므로 그냥 꽃이 아니다

햇빛과 태풍과 눈보라가
피워낸 꽃이다
삶의 쓸쓸함이 깃든 사람이다

길에 떨어져 바람에 휩쓸리는 꽃은
그냥 꽃이 아니다
그 길을 걸어온 나는 꽃이었다

사월 첫 주
사람들은 꽃구경 나와
포즈를 취하고 사진을 찍는데

저 가녀린 꽃잎은 아픔이다
슬픔이다.

홀로 걷는 가을 길

가을 언덕에
그녀가 서 있다

들녘은 배부르고 따뜻한 모습인데
소중한 기억들은 하나둘 지워지고
어깨에 짊어졌던 바위 같은 짐
아직도 내려놓지 못하고 있다

저물면 내려놓을 수 있으려나
햇살은 쨍쨍한데

그녀의 시선 끝에 촉촉하게 젖어오는
쓸쓸하게 걸어가는 모습

모든 것이 꿈이라고 말하고 싶지만
생의 이면에 켜켜이 쌓인 것들
아이처럼 펑펑 울며 모두 쏟아내고 싶어도
소리죽여 속울음 우는

그녀의 손을 가만히 쓰다듬어 본다
그동안 고생 많이 했다고
그 고생 잊지 않고 있다고
그녀는 그녀에게 말을 건넨다.

나이 들어가면서

초록 나뭇잎의 광휘가 황홀한 봄날
나무의 감정을 느껴본다

보드라운 팔로 바람의 속삭임에
이리저리 흔들리는 나뭇잎을 안고 보니
나도 한때는 푸른 청춘이었지

그 동안 보지 못했던 것 보이고
듣지 못한 것들 들린다

"흰 것이 씻어서 된 것이 아니며
검은 것이 물들여 만든 것이 아니듯"*
세상은 혼자서 살 수 없다는 것을
이제사 깨닫는다

나중에 피는 꽃이 더 아름다울 수 있다는 것을 생각하며
늦게 일어난 쨍쨍한 햇볕을 보듬는다.

*「능엄경언해」 출전

가을 들녘에서

잎을 다 떨군 나뭇가지 끝에서 떨던
가을바람이 창문을 두드리고
아침 저녁으로 차가운 기운이 스미는

가을산은 수채화 물감을 풀어놓은 듯,
햇볕 받은 일렁이는 억새의 몸짓이 가볍다

천지는 풍요로움으로 넉넉하고
계절은 저물어가는데
푸르렀던 마음은 이다지도 야위어가는가

구름이 흘러가듯 걷는 발걸음은 어디쯤일까
지상의 모든 生들이 흔들리며
아프게 아프게 피어났겠지만
오늘은, 이정표 잃은 길 정처없다

쓸쓸한 생의 길에서
한때 빛나던 초록빛 생각들 어지럽게 뒹구는 날
은발의 억새꽃처럼 흔들리고 있다.

숨이 막힌다

한계절 울긋불긋 아름다웠던
단풍

절정을 끝으로
바람에 떨어져
무참히 짓밟혀
배수구가 막혔다

빗자루로 쓸어야 할 곳을 쓸고
단단하게 막혀버린 흙들을 파내야 하는데
동맥동화 환자의 혈관처럼
비가 오면 쓸려온 나뭇잎이 더 단단하게 막아
물이 길에 넘쳐 아수라장이다

나의 길은 오후를 지나
늦가을로 접어드는데,
길기에 뒹구는 낙엽의 최후를 보며
숨이 막혀온다.

묘지

산책길 묘지 하나
삶과 죽음의 경계에서
이승의 목소리를 듣는다

사람들 기억 속에서
점점 잊혀져 가는 것처럼
봉분은 낮아지고,
잔디도 사라지고
한겨울 마삭만이 푸르다

돌보는 흔적이 없던 이곳에
누군가가 작은 돌탑 하나 쌓아
죽은 자의 존재를 규명하려는 듯
生이 덧없는 것이라고 말하는 듯,
평지로 되돌아가는
봉분이 풍화風化하고 있다.

가방의 무게

등에 진 가방이 무겁다
날마다 짊어지는 무게
왠지 모를 불안함 때문일까
언제나 한가득이다

생각에도 무게가 있으니
마음을 비워야지
가방의 무게에 짓눌리지 말고
가볍게 메고 다녀야지

찬란하지만, 결국 터져버리는
비눗방울 같은 인생이기에
너울너울 시간은 가고
속절없이
무거운 가방을 메고 걸어가는
나날들.

물든다는 것

오랫동안 키운 염좌

수형과 목대
마가의 팔뚝같다
대견한 눈빛으로
자꾸만 들여다보면
사랑반 기대반 설렘반
뜨겁고 살가운 마음들이
잎과 가지에 스며들어
색깔이 저마다의 속도로 여물었다

창밖은 코끝 시린 겨울 눈이 내리는데

두툼한 한 잎 한 잎 잎새와
꽃을 선물하며
견뎌 낸 시간이 내게로 왔다

따뜻하게 마음 녹여서
인생도 알록달록 곱게 물들어간다는 것을 가르쳐 주며
호젓한 마음을 풀어 놓는다.

통증

가로등 불빛이
비에 젖고 있는 밤
임플란트 통증으로
폐선처럼 누워있다

새벽,
식구들 아침 식탁을 차려야 하는데
눈꺼풀이 무겁다

밥알 익어가는 냄새가
가족을 깨우고
깻잎 향이 밥숟가락에서 모락모락

비에 젖은 눈꺼풀도 밤을 새운 통증도
아침이 밝으니
차츰 빗물에 씻겨간다

내 인생은 늘 그랬다.

이제야

어깨에 짊어진 짐 내려놓고
세상 밖으로 나왔다

정서의 허기 채우지 않으면 견딜 수 없어
이제 맘 편하게 내 영혼의 양식 채워야겠어,
어느 연극배우의 말이다

무대에 연극을 올려보는 게 소원이어서

바람의 언덕에 누워
청보리의 노래를
구름의 이야기를
그리고 나의 이야기를 무대에 올리고 싶어
오늘도 연습한다

지각은 없다고
이제야 세상 밖으로 나왔다.

병원에서

대학병원 5층에서 바라본
장마 끝나갈 무렵 여름의 광휘가 눈부시다

정자 쉼터에 앉아 부채를 부치며
담소 나누는 사람들의 이야기가 들리는 듯
새벽 일찍 일어나는 병원 생활에 적응해야 한다

모두가 힘든 시간
장마로 집을 잃어버린 수재민과
물에 잠긴 비닐하우스를 바라보는 농민의 한숨,
침상에 누워 못 움직이는 환자는
간병인의 보살핌에도 통증에 힘들고
모두에게 힘든 시간이다

된더위가 폭탄처럼 폭발해 한증막이
이마 깊숙이 찌른다
모래 산처럼 허물어진 가슴 아픈 이들
모두가 잘 견뎌야 할 텐데
멈춰버린 의식 속에 영혼의 빈 껍데기만 남았는데
병실 창으로 오후의 햇살이 떨어진다

씁쓸한 풀냄새 아릿한 병실에서
풀지 못한 수수께끼에 골몰한다.

다낭의 물결 따라

유람선에 반짝이는 불빛과
바다에 뿌려진 빛 조각들

유유히 흐르는 물에 흩날리는 유행가 가락
물결 위에 흔들거리는 네온불빛
나는 어디로 흘러가나

유람선은 바람 가르며
정해진 코스를 달리는데
잠시 길을 일탈한 오랜만의 여행에서
나는 유랑의 길을 간다

흔들리는 뱃전에서
그동안 살아온 삶의 궤적들이 주마등처럼 스쳐가고
나는 다낭의 물결에 길을 맡긴 채
길을 잃었다.

모과처럼

티브이 옆에 두었던 모과 한 개
시간이 지날수록
사색이 되어간다
속도 저렇게 까맣게 변했을까
시간이 지나면 모과도 변하듯
나의 生 어느새 까매졌다

맑았던 기억들 사라져가고
마음의 상처 쉽게 떨쳐버리지 못하는데
끙끙 앓는 성정 때문에
나의 生 한켠이
숯처럼 새까매졌다.

백일홍 핀 날

백일홍꽃 붉게 핀
학교 운동장에서
허리엔 핏물이 고인 주머니를 달고
할머니가 유모차를 밀며 달린다

팔순의 세월 길에 만난 신난고난의
어긋난 길을 수술한 적이 한두 번이 아니다
다 펴지 못한 허리 유모차에 기대었어도
걸음을 멈추지 않는다

까무라쳤다가 마취에서 깨어난
통증이 내게 전이된다
참을 수 없었던 옆구리에 찬 주머니에
고인 핏물이 징그러운 적이 있었다
아니 붉은 꽃처럼 아름다웠다
이후로 백일홍 붉은 꽃을 보면
몸서리졌나

할머니를 따라 해가 진
팔월의 무더위 속에서

땀을 뻘뻘 흘리며
운동장 가에 무성하게 핀
선홍빛 백일홍꽃이 아름답다
늘 그 아름다움이 나의 통점이었다.

겨울 섬진강에서

강은 추위에 익숙한 듯
차고 견고한 정신으로 투명하게 흐른다
강은 언제부터 흐르는 법을 알았을까
켜켜이 퇴적된 시간의 침묵
강을 닮은 사람들은
生이 어디에서 와서 어디로 흘러가는지 알지 못한다
다만 강물처럼 가슴에 저마다의 무늬를 새기고
제 길을 흘러간다

살아있는 목숨들은 아침이슬 같은 것이어서
오래된 강의 시간을 헤아릴 수 없지만
강물처럼 피투성이가 되어도 제 길을 가는 것을 알아
아무리 견고한 추위와 바윗덩이에 부딪쳐도
포기하지 않는다

문득, 겨울 섬진강에 와서
내 가슴 속에 흐르는 강물소리를 들었다.

제2부

역설

역설

창녕 옛 고분 속에서
많은 귀금속이 출토되었어도
15세 어린 소녀는
아무것도 지닌 것이 없다

몸종으로 살았을 뿐인데
주인의 죽음에 독살되어
천오백 년을 죽지 못했다

주인의 뼈는 사라졌지만
독이 묻은 몸은 죽지 않고
잡 벌레 하나 범하지 못한
역설.

동백꽃

절벽에 부딪혀 치솟는 기류에
아슬아슬하다
늘 그래왔듯 흔들리며 살았다

마침내 동백꽃잎이
절벽 아래로 떨어지는데
그것을 바라보는 내가, 세상이
어질어질하다

꽃이 아름답다고 하지만
절벽 아래는 동백꽃의 무덤이어도
모두 무심하게 바라보는
시선이 무섭다

한때 꽃 피었던 청춘도 지나가고
나는 아프게
바람에 떨어지는 꽃잎을 본다.

봄은 오지다

대천항
지게차가 꽃게를 분주하게 나른다
장화를 신은 사람들은 물기에 젖어 있다

고깃배가 들어오자 갈매기들의 환호성이
운동회 날 만국기처럼 펄럭인다

외국인 노동자의 수고가 살가운 날
마음의 근육을 키우며
청춘들의 이야기가 시작되는
참으로 오진 봄
어물전 꽃게가 두 팔을 벌리고
아직 살아있음을 증거하고 있다.

몽돌 해변에서 시집을 읽었네

칠순 기념으로
친척들에게만 주려고
소량만 찍었다는데

모나고 투박했던 젊은 시절을 지나
이제는 저녁 노을처럼 부드럽고
몽돌처럼 둥근 마음이 굴러가는 소리 들리는
a4 용지에 책 표지만 입혀
한눈에 봐도 엉성한 시집
등단은 안했어도 어엿한 시인
그 시인의 시집을 읽었네

차르르 차르르
몽돌 구르는 소리
시 쓰는 소리.

하얀 고양이

길고양이 밥을 챙겨주는
남자가 있는 마을
까치도 전봇대에 앉아 밥을 기다리고
소란스럽게 목청 세우는 날이 많아졌다

우연히 사무실에 나타난 고양이
밥 달라고 하는 건지 가지 않고
야옹야옹 연신 울어댄다
먹다 남은 생선 주어도
제 집인 양 어슬렁거리다가
높은 지붕에 올라가 내려오지 못하고 울어댄다
나무로 발판을 만들어줘도 못 내려오는데

어쩌란 말이냐

퇴근해야 하는데
결국, 밥 챙겨주는 남자를 불러오자
조심조심 내려오는
겁 많은 하얀 고양이

치명적인 귀여움이 불러 일으키는
생명에의 연민.

매화밭에서

손길이 끊어지자
가시박 덩굴들이 번지기 시작하여
매화나무 꼭대기까지 덮어 버렸다

나무는 봄이 되니
아직 올라오지 않는 덩굴 때문인지
간신히 꽃을 조금 피워냈다

살랑바람 한 자락 지나가니
물 위에 둥둥 떠 있는 물고기처럼
겨우 입을 벌려 숨을 쉬고 있었다.

봄 공원에서

봄 햇살이 적막을 깨우자
나무들 사이
새들의 노랫소리 경쾌하다

공원의 멧비둘기 한 쌍
눈길 한 번 주지 않고
누군가 뿌려 놓은 쌀을 쪼는 모습이
엄마 손잡고 봄 마중 나온 아기가
과자를 먹는 모습 닮았다

괜히
기분이 좋아진다.

봄, 섬진강에서

노을 지는 섬진강에
눈송이 뿌려 놓은 듯
매화꽃 천지이다

사람들은 북적이고
차들은 꼬리를 물었다

사방은 먹을 것 천지이고
꽃들은 환한데
강물은 야윌대로 야위어
푸석푸석 먼지가 인다

때론, 눈물이 말라도
견딜 수 있다고 말하는
빼빼 마른 섬진강
천지에는 매화꽃이 분분하다.

동백꽃 봄

돌담 아름다운
동백꽃 정원

코팅한 듯 윤기 흐르는
동백꽃 붉은 입술이
동박새를 부른다

봄이 와서 동백꽃이 피는 것이 아니라
동백꽃이 피니 봄이 온 것
우리 마음이 동백꽃을 그리워하니
동백꽃이 꽃을 피운 것

혹독한 시련이 와도
견딜 수 있는 것은
동백꽃을 호명하는 사람을
기억하기 때문

그대여,
내가 그대를 그리워하듯
그대가 내 이름을 불러주오
봄이 되어, 동백꽃이 되어.

지리산의 봄

또 다시 고단한 봄이다

지리산 산비탈 밭에 매달려
고사리와 함께 가버린 청춘

고사리로 자식을 키웠고
고사리 때문에 허리가 굽었다

허리 펼 새도 없이 고사리 끊는 사이
관절 꺾어지는 줄 몰랐다

통통하게 살진 고사리
무쇠솥에 삶아 마당에 말리는
부지런한 봄이
다시 왔다.

초록의 계절

허리를 늘리고
가지를 늘리고
멧새 입 닮은 잎새들이
하나, 둘
얼굴 내민다

꽃이 피고
꽃이 지고
무성해진 잎들은
초록물 뚝뚝 흘리며
그늘을 드리웠다

잠시
새가 쉬이간다

사람들도
자동차도
쉬어가는
초록 그늘은
생명의 탯자리어라.

비응항*

고깃배들
오랜만의 휴식일까
비릿한 갈매기 소리는
축, 늘어진 엄마의 빈 젖을 빠는
배고픈 아기의 울음

비는 부슬부슬 내리고
길고양이는 어슬렁거리며
허기지게 운다

먼 바다에서 돌아온 파도는
부두에 하얗게 제 몸을 풀어놓고
하늘에서 지상으로 속속히 내리는 비는
만물을 적시는데

배고픈 갈매기와 길고양이 소리
저녁 비응항을 울린다.

*비응항: 전북 군산에 있는 항

모항에서

7월의 모항
어선들도 무더운지
항구에 정박해 있다

갈매기들은 한가하게
바다 위를 펄럭이고
물결을 응시하는 나는
햇살에 어지럽다

이따금
배고픈 아기고양이처럼
끼룩끼룩 갈매기들소리
처량하다
그러고보니
뉘엿뉘엿 해가 지고
허기져 온다.

낙엽을 바라보며

헨리의 '마지막 잎새'라고
말하지 않겠어요
그것을 슬픔이라거나 이별이라고도
말하지 않겠어요

다만 먼 길을 걸어온
그대와 나의 세월이
귀하고 소중한 것을
읽었다고 말하겠어요.

라일락이 피었다

오월에 피던 라일락이

4월에 찾아왔다

기후온난화 때문이라고 하지만

누군가에게 급히

향기를 전해주고 싶은 마음 때문이다

모두 출근하면

혼자 집에 남아

집 밖으로 얼굴을 내밀어

향기를 나눠줄 궁리를 한다.

오월, 어느 날

꽃잎 날리는
오월의 호수공원
산책 나온 사람들의 발걸음이
비눗방울처럼 떠간다

사는 게 별것인가

사랑하는 사람들과
함께 웃을 수 있고
손잡고 걸을 수 있는
소중한 시간들

흔들리는 오후의 생 앞에서도
아이의 웃음소리에 장미꽃이 피어나듯
눈부신 푸르름 기워
행복한 향연에 초대되어
잔칫집에 간다.

잡초

긴 장마 끝에
뙤약볕이 내려쬐는 사이

이때다 싶어
잡초들의 욕망이
사람의 허리까지 웃자랐다

칡넝쿨이 과일나무들을 칭칭 감아
숨통을 조이고
조릿대는 영토를 넓혀갔다

예초기로 한바탕 쓸어버리니
모두가 드러눕는다

그제야 마늘이랑의 비닐이 보이니
이발한 듯 상쾌하다
그렇지만
잡초를 미천한 신분으로 대접하는
인간의 심사가 고약하다는 불편한 생각이
잡초처럼 웃자란다.

구상나무가 아프다

지리산 천왕봉 오르는 등산로
구상나무 공동묘지
죽음의 전시장이다

'살아 백 년'이라는 구상나무가
하얗게 탈색되어 가는 몸부림
한반도에서 호랑이가 사라졌듯
토종 구상나무를
영원히 볼 수 없을지도 모른다

기온은 점점 뜨겁게 차오르고
눈이 오지 않아, 비도 오지 않아
나무도 사람도 숨쉬기 버겁다
불볕더위와 강풍, 건조한 날이 늘어
산불도 늘어간다
식수원이 고갈되고 있어
목이 마르다

높은 산에 깃든
우리들의 산신령
구상나무가 아프다고 한다.

제3부

어머니의 밥상

어머니의 밥상

노을빛은
하늘과 바람을 타고 붉게 흐르는데
입안에서 봄이 톡톡 터진다

삼월의 부엌에는
세월로 짓고 땀으로 지은
어머니가 지은 밥상이
갯벌 내음 타고
유년의 향수를 일깨운다

갯벌에 뿌리내린 것들
석화 하나로도 맛을 담아낸
그 깊고 진한 사랑의 게미가
시린 겨울바람 뚫고
마법처럼 스며온다

걱정마셔요

반찬 몇 가지 챙겨 시골집에 도착하니,
가만히 있어도 땀이 흐르는 한낮의 더위인데, 걸음도 잘 걷지 못하는 몸으로 엄마는 참깨를 베고 있었다

양로원에 넣으려고 왔다며, 송장들 있는 데다 가두려고 하냐며 불안해 하였다

집에 와 머리 감기고 목욕시켜 드리니 시원하다며, 그제야 마음이 놓이는지 마당 앞 텃밭을 보며, "깨가 나보다 더 잘되어부렀어야, 이 깨를 안 비고 어떻게 양로원에 들어간다냐"

엄마, 양로원 안 보낼 테니 걱정하지 마셔요 그저 잘 드시고 건강하면 돼요.

이팝나무

쌀독의 쌀이 자꾸 줄어든다며,
'느그 오빠가 쌀을 퍼다가 팔아먹어야'
'엄마가 밥 해서 먹으니까 줄어드는 거여'
'내가 쌀이 줄어드는 것도 모르는 멍충이 인줄 아냐'

평생, 혼자서
자식들 굶기지 않고 키우려고 고생하셨을
그 마음이 늙은 쌀독에 넉넉하다
풍요로운 세상이지만
쌀이 줄어드니 행여 자식들 굶주릴까 봐
마음이 편치 않다

엄마, 우리 밥 굶지 않고
잘 살고 있으니 걱정하지 말아요
지금 쌀밥나무에 쌀밥이 주렁주렁 매달렸으니
이제 밥걱정 안 해도 돼요
하얀 쌀가루 가득 뿌린 쑥버물로 피어나니
더 맛있게 먹을 수 있어요

멈춰버린 엄마의 시간 속에서
밥 달라고 우는 자식이 있었는갑다

처연하게 꽃대를 피우고
오래된 세월 계절 속을 혼자 걷는 이팝나무에게
'걱정하지 말아요'라고 전한다.

감태

소나무와 잣나무처럼
날이 추워야만 갯벌에 파릇파릇
초록 융단을 펼친다

벚꽃 지는 사월의 바다에
엄마의 청춘이 있었다
유년의 밥상에 올라왔던 초록의 맛에는
엄마의 굽어버린 허리가 있었다

갯벌에 나가
여인네의 머리카락처럼 가늘고 긴 감태를
한 올 한 올 손으로 매
바닷물에 씻고 샘물에 헹구어
햇볕에 말렸다가
가위로 반듯하게 자른 감태

수십 년 세월에 유년의 감태맛
차츰 잊혀질 만 하는데
추억이 살아나는 것은
가난했지만 따뜻한 밥상과
엄마의 모습이 보이기 때문이다.

늙어가는 섬

마늘을 뽑고,
깨 씨앗을 뿌리는 노인

온 몸에 병이 암처럼 번져 성한 데가 없어
약을 먹고 뒤돌아서 또 약을 먹는 기억의 부재,
일자리 나가는 날, 공책에 꼼꼼히 적어 놓고도
사람들에게 물어본다

일생을 섬에 갇혀 늙어가는 여인
거칠고 험한 파도에 부딪치는, 섬처럼 살더니
이제는 섬이 되어 걸음조차 힘들어
젊은 섬은 간데없고, 자꾸만 늙어간다

나른한 햇살이 조용히 다녀간 날
기억마저 싸늘하게 식어가는
야속한 세월
마침내 석양에 이른 섬 하늘
낙조에 실려 가는 구름 한 조각

그 구름이 서럽다.

팔금도* 3
- 고향을 품다

천사대교 놓여지면서
여객선이 끊기고
선착장엔 고요가 깊어간다

배를 타기 위해 줄 섰던 차들, 매표소에서 표를 끊고 배가 어디쯤 오고 있는가 수평선을 바라보던 날들이 사라지니, 우연히라도 고향 사람들 보기 힘들어졌다

노둣길 따라 고둥과 소라 줍던 추억, 관광지로 개발한다고 사람들 이주시켜 무인도가 되어버린 추억 깃든 거사도

대숲이 빈집들을 뒤덮었는데
돌담이 안간힘으로 버티고 있다
아직도 사람의 흔적이 곳곳에 남아
폐허가 되어가는 뒷모습이 아프다

밀려왔다 밀려가는 파도는
허전한 마음을 뒤흔든다

해와 달이 품고 지켜주고 보듬어 주었던
팔금도의 따뜻한 봄날,
마음 한켠이 시려온다.

＊팔금도: 전남 신안군에 있는 섬

간장 항아리

항아리 속 검붉은 엣센스는
콩밭 이랑에 불던 바람

지난여름 따갑게 내리쬐던
달디단 햇살의 마음

오감으로도 말할 수 없는
켜켜이 퇴적된
깊고 깊은 아득한 오천 년

어머니가 우리를 잉태하여
배를 쓰다듬었듯
지켜온 세월이 둥글다.

빈 집

사람이 살았던 온기있는 집
모두가 떠난 후 빈집에
제비들도 떠나
처마 끝에 바람만 스민다

아이들 웃음소리 떠들썩했던
마당엔 잡초들이 무성하고
반질반질 빛나던 툇마루에
먼지가 수북하다

남쪽으로 떠난 제비들
봄이 되어도 돌아오지 않고
주인없는 빈집 담벼락이 무너지는데
한때 마당을 가로지르는 빨랫줄에서
뭐라고 수다를 떨던 제비들,
아이들 노는 소리 아득하다.

빈집들이 있는 풍경

사라지는
쓸쓸함과 적막감이 감도는
사람들이 떠난 도시의 빈집들

담벼락 사이로
얼굴 내민 맨드라미
재건축으로 사라질 풍경을
휴대전화에 저장하며
마음에 새긴다

한때 사람의 온기가 스며있던
오늘은 쓸쓸한 폐허의 잔해들
그 곁을 지나며
생명이 꺼져가는 것들을 위로한다.

돌하르방

머리에 둥근 감투 쓴
돌하르방

부리부리한 커다란 눈
무엇을 응시하는가
품위있게 다문 입
치켜 올린 한쪽 어깨
합장하듯 두 손,
가지런히 배 위에 모았다

크고 납작한 곰보 얼굴에
눈도 코도 익살스러운 표정인데
저 젊고 씩씩한 청년을
누가 할아버지라 했나

창문 넘어, 돌담 넘어
시린 어둠 풀어
무엇이 두 손을 모으게 했나.

풍경을 담다

꽃병에 꽂아 놓고
호흡이 자꾸만 너에게 향할 때
폐부 깊은 곳으로 흠뻑 젖어 든 향기가
하늘을 연다

여기가 어디인가?

구절초,
세상이 너의 향기로 어루만져지는 시간
온통 너를 물들인 축제

무서리 속에서도 본성을 잃지 않는 너를
밤하늘의 악보를 따라서
은하수 속으로 들어간다.

팔월

된더위가 불량배 같다

10년 동안 땅 속에서 묵언수행했다는
매미소리가 징그럽다

나무 그늘 아래 좌판 벌린
아저씨의 부채질이 시원치 않다

행인들도 어깨가 축 처져 있고
매미는 악다구니로 더위를 뱉어낸다

시간마저 지쳐 정체된
한낮의 공포가 무서운.

무더위 속의 언덕을 오르다

불볕더위
폐지 가득 실은 손수레 끄는
더위에 지친 할머니
뒤에서 미는 내게 고맙다고 한다

젊은 날 남편과 사별하고
다섯 아들 키우면서 팔순을 넘긴 할머니

평생 여자인 적이 없다고
남자들과 함께 공사장 인부로 일했다고
아직은 손수레 정도는 끌 수 있다고
무릎 수술한 적 있지만
다리도 튼튼하고
특별히 아픈데는 없다고 한다

얼마나 고마운 일인가
젊은 나는 허리 찜찔을 하고
아픈치레나 하느니

이마를 벗길 것 같은 무더위
할머니는 인생의 불볕더위 한두 번 겪었겠는가
내게는 아직 많이 닥칠 나날
그 속에서
할머니는 앞에서 수레를 끌고
나는 뒤에서 밀고 오르는
언젠가는 내가 혼자 수레를 끌고 가야 할
가파른 언덕길.

소망

생각이 많아 잠이 오지 않는 밤
후텁지근한 공기가 선풍기를 돌린다

창문을 열면
귀뚜라미의 애간장 녹이는
청승맞은 울음소리

문 닫으면 더워서 잠들 수 없고
밤새 뒤흔드는 생각, 정리되지 않는다

몽롱한 정신으로 아침을 맞으며
남은 내 인생의 여백을 생각해 본다

갈아놓은 묵정밭에 씨를 뿌렸으니
조금 느리지만 천천히,
시(詩)의 꽃잎을 조금씩 피우며 살지 않겠는가.

빗소리에 젖어

클래식 음악 감상하듯
빗소리를 듣는다

나뭇잎에서 튕겨
바닥에 떨어지는
빠르지도 느리지도 않은
빗소리,
그 빗소리에 젖어

열다섯 살 소녀처럼
오늘은 감상에 젖어
우산도 쓰지 않은 채
빗소리에 젖어 걷고 싶다

흠뻑 젖고 싶다.

사춘의 봄날

아침부터 옆집 큰 감나무에서
새 소리가, 내 이마를 콕콕 쫀다

감꽃이 피는데,
아이는 세상의 소리 듣지 않고
귀를 닫고 눈을 감고 입을 다물어 버렸다

아이의 소리없는 절규가 문틈으로 새어 나오지만
잠겨버린 방문처럼 몸과 마음을 열 수 있는
그것이 무엇인지 도무지 알 수 없다

청보리 익고, 뻐꾸기 우는데
살아있는 것들은 환호성을 지르는데
나는 아이가 이 세상에 나와 맨 처음 울었던
울음을 그리워하는가.

서승현 시인

늦게 도착한 학업에 불씨를 지펴
꿈을 심어준

용기 내지 못하고 있을 때
등 떠밀어 첫발을 옮기는 힘을 주며
부족한 부끄러움 채워준

그의 온기가
온전히 내게 전해진다

다친 고양이를 보듬고
텃밭에서 키운 채소를 나누고
화초들 씨앗, 봉지 만들어 나눈
작은 것에도 관심과 사랑과 감사로
함께 나누는
참 따뜻한 사람

그리움의 깊이가 깊은 만큼
기다림의 깊이도 깊다는 말처럼
늘 그 사람이 그립다.

제4부

귀에 붕대를 감은 자화상

귀에 붕대를 감은 자화상

고갱과의 불화 따위로 귀를 잘랐다고 말하지 마라
나의 목소리를 듣지 못하는 것들아
차라리 귀를 잘라 매춘부에게 주는 것이 낫지 않는가
세상은 태풍이 몰려오는 밀밭 위를 날으는
까마귀 떼처럼 불안이 증식해오고 있다

절망스러운 나날,
나를 위로하지 마라
괴로움은 살아있음의 증거이거늘
내가 미쳐 날뛰는 것은 신성한 광기
눈과 정신은 냉수처럼 차디차고 맑다

내 아우 테오가 사랑을 찾아간 것은 축복,
크리스마스 밤
고갱과 언쟁쯤이야
남프랑스 아를 노란 집에서의 추억으로 기억하마
굴절되고 요철로 일그러진 세계여,
한때는 종교적 광명을 꿈꾸었지
남프랑스의 태양처럼 빛나고 싶었지
간질에 걸린 줄도 모르는 정신병원의 환자들이여
차라리 귀를 잘라버려라.

재난문자

수원지 저수량 25%가 무너졌다고
매일같이 물 부족 재난문자

양치질 물컵에 받아쓰고, 쌀뜨물도 버리지 않고 활용하고,
변기통에 물통 넣고, 수도 밸브 수압 조절하고
빨래 모아 세탁기 돌리고, 샤워 시간은 최대한 짧게
세면대에서는 물을 받아서 사용하라고,
곧 제한 급수를 한다고 예고한다

노후 된 밸브 고장으로
엄청난 물을 그냥 흘러 버렸다는 뉴스
갑자기 단수되어 사람들은 허둥지둥
시민들에게 물 아껴 쓰라고 날마다 문자 보내더니
실수로 버려진 물이 아깝고 화가 나서 허탈하다

며칠 전부터 재난문자가 오지 않아 다행이다.

검은 그림자

텅 빈 운동장
아이들이 두고 간 축구공만이
덩그마니 놓여있고
팽나무 그늘 의자 밑에서
참새 무리만 재잘거린다

예식장에도 장례식장도
감정을 잃어버린지 오래
마스크를 쓰는 일은 예의가 되었다

사람들이 모이는 곳이면
투명하고 검은 그림자들이 어른어른
서로에 대한 믿음이 사라진지 오래
오직 제 얼굴을 꼭꼭 가리는 일이
나를 단속하는 일이 되었다

우리가 서로 사랑한 적이 있었나
우리가 서로 얼굴을 바라보며 웃어본 적이 있었나
히로시마에 떨어진 원폭처럼

우리 사이를 비집고 폭발하는 검은 그림자
오늘도 무사할 수 있을까.

팽목항에서

그 봄날 이후
팽목항 관제탑 주변,
갈매기의 목도 쉬었다

해는 서산으로 기울어 가고
관제탑은 바다만 바라본다

노란 리본들 바람에 펄럭이고
쓸쓸한 바닷가는 인기척도 없다

어린 것들을 수장시키고
가슴에 묻은 대한민국
꽃피는 봄날이지만,
환한 봄날이지만, 아무도 웃지 않는다

가슴에 깊이 박힌 못
언제 뽑을 수 있을까

어질어질 석양에 얼비치는
이름 모를 이름들

애써 그려보는
슬픈 봄날.

주먹밥

거리에 솥을 걸고 밥을 지어
시민군에게 나누어주던
주먹밥

둥글게 밥을 지은 것은
주먹으로 하라는 뜻이 아니라
그 주먹을 펴고
폭력에게 손을 내밀기 위한 포즈

누가 시키지도 않았는데
둥근 마음들
밥풀처럼 찰지게 뭉쳐
하나가 된 주먹밥들
신군부의 진압에 맞서
한세상 이루었다

그 뜨거운 오월
단 한 건의 범죄도 일어나지 않은
광주의 마음
끈끈한 풀기로 주먹밥이 되었다.

동백꽃
- 4·3사건 75주년에

켜켜이 쌓인 침묵 위로
통증이 스미고
마침내 한이 되었다
그들은 휘두른 이념의 칼날에
무참하게 짓밟힌 시민들의 순수
느닷없이 동백꽃처럼 툭, 떨어진 억울함이다
시간은 흘러가고 있지만
동백꽃빛처럼 선연한 핏자국은
갈수록 붉다

75년,
그 멀고 아득한 길을 외롭게 걸어야 했던
그들을 그냥 내버려두어야 했나
우리에게 묻는다.

영웅이라고 부르지마

눈 덮인 자작나무 숲에서
손가락 자르며 맹세했네

그러므로
이토히로부미의 심장을 쏘았네
아니, 그런 가엾은 사람 말고
욕망과 이념으로 엇나간
제국주의의 양심을 일깨웠네

그러므로
뤼순감옥에서
나는 죄인이 아니니
항소심은 필요하지 않아
구차하게 목숨을 구걸하지 않았네

그러므로
나를
독립투사라고 말하지 마
영웅이라고 부르지도 마.

하얀나비

캄캄하고 무서워요
여기가 어디인가요

공수부대원이 쏜 총에 맞고
아무도 모르는 곳에 왔어요

일면식도 없는데
왜 우리에게 총구를 겨누었을까요

서로 포개져 답답해요
핏물이 썩어 악취를 뿌려요

꺼내 주세요

너무 춥고 배가 고파 집에 가고 싶어
엄마도 보고 싶고 친구들도 보고 싶은데
아무도 내가 암매장된 곳을 알려주지 않아
엄마, 하얀나비 되어 날아갈테니
하얀나비가 날거든 저인 줄 아세요.

또 다시 오월

다시 오월,
아빠의 영정사진 안은
다섯 살 상주의 얼굴이
통증처럼 쑤셔온다

왜 하필 광주였을까
왜 하필 공수부대였을까
아직도 밝혀지지 않은 전일빌딩 245개의 총자국은
헬기 기총소사라는 명백한 증거인데
명령한 사람도 쏜 사람도 없다

자식을 보내지 못하고
아픔을 가슴에 묻고 그리움을 향해
고통받고 있는 어미의 심정을 그들은 알까
시간은 자꾸 흘러 자식을 가슴에 묻고
세상 떠나는 유족의 통한

다시 오월,
이팝나무꽃이 피었다 떨어져
도로에 수북이 쌓인 저 하얀 밥이

그날의 시민들이 나눈 광주 정신
살아있는 대동 세상의 주먹밥

또 다시 오월,
죽은 사람들은 말이 없지만
오월의 광주가 눈부시다.

해무

여수 돌산 지나 어느 바닷가
해무 속 다리의 주탑이 희미하다

부두 주변 작은 어선이 고요처럼 엎드려 있고
빨간 등대의 외로움이 수채화 물감처럼 번진다

생선 입에 문 길고양이 쏜살같이 도망갔다가
다시 나타나 두리번거리며 어슬렁거리는데
짭조름한 바다 내음은 도시의 소음과 매연을 희석한다

게으른 갈매기는 만선의 배들을 기다리고
부둣가 뒤편 비탈엔 산딸기꽃이 피었다

해무에 가려진 오월 43주년에
그의 손자 전우원이 영령들 앞에 고개 숙이니
가슴 밑바닥에 켜켜이 잠겨있는 짙은 슬픔이
한 겹 걷어지는 것 같다

하얀 찔레꽃이 만발한 한낮이 되자
해무 속 다리의 윤곽이 드러나기 시작하고
내 마음의 눈도 맑아진다.

등에 진 것은 짐이 아니다

중국 산시성의 가을 햇볕 속에
납덩이 같은 짐 어깨에 걸치고
시지프스처럼 산을 오르는 짐꾼

그가 등에 지고 있는 것은 짐이 아니다
짓눌러 오는 어깨의 통증은 고통이 아니다
한번쯤 내려놓고 싶어도
짐이 아니기 때문에 내려놓지 못한다

아이들의 웃음소리
따뜻한 온기가 흐르는 방구들을 떠올리면
등에 진 것은 짐이 아니다
그러므로 길을 멈추지 않는다
그러므로 비가 오면 비를 맞고
눈이 내리면 온 몸으로 눈을 맞는다

땀이 비오듯 흘러내려도
화산華山 비탈을 오르며 길을 간다
평생 산 하나를 옮겼을 연약한 등에
짐을 졌어도 짐이 아니다.

길 위의 낙타

풀은 물을 기억하기에 물을 따라가고
낙타는 풀을 물의 징표로 삼는다

누구나 살아가는 이유가 있듯
제가 키워야 할 새끼가 있기에
어떤 고비가 찾아와도
극복하는 지혜를 알고 있다

살아야 하기에 건너야 하고
건너기에는 목숨을 내놓아야 하지만
산다는 고통과
희망이 공존하는 사막에서
생명의 근원, 물을 향해

오늘도 걷는다.

시의 빛깔

오랜 세월이 말을 걸어온다

언어의 눈빛과 몸짓으로 다가오는 빛깔
보기만 하여도 마음이 넉넉하다

들국화 향기가 바람에 실려가고
스스로가 가장 아름답다고 달려온다

어떤 꽃을 먼저 펼쳐야 할지
시의 밭에 꾸던 꿈들이 쌓이고
들녘에는 풍성한 가을이 번진다

벼를 베고, 밤을 줍고
국화 향기를 전하고
느릿느릿 걷는 발걸음에는
노을처럼 빛나는 단풍잎 속에서

푸르거나 붉은
시의 빛깔이 번진다.

잘못 든 길

장마 끝나고 화단에서 나온 지렁이
뭉클뭉클한 맞바람을 안았다

햇볕이 뜨거운데
개미 떼가 달라붙었다

진액이 빠져나가고
몸이 말라간다

개미보다 몸집이 훨씬 크지만
떼거리로 덤비니
몸부림쳐도
빠져나올 수가 없다

어쩌다 잘못 든 길
다시는 풀숲으로 돌아가지 못할 것

사람도 이럴 때가 있다.

연실 蓮實

진흙과 물, 햇살과 바람
번뇌의 물을 지나 허공을 건너
맑고 향기롭게 꽃을 피워냈다

기다렸다는 듯 가을 햇살 사이로
연밥으로 태어나 한알 한알 빼곡한
까만 씨앗이 슬며시 고개 내민다

지상에서 가장 견고한 열매로
제 몸에 상처를 입어야만 싹을 틔우고
천 년 후에도 꽃을 피울 수 있다

억겁의 세월을 두꺼운 껍질 속에 갇혀
고독하게 있었기에
탐욕과 무지의 인간을 꾸짖을 수 있다.

열대야에

계속되는 열대야
깊어가는데

새벽의 정적을 뚫고
거실에 나타난 귀뚜라미 한 마리

가슴을 후비는 스렁스렁
맑고 청아한 울음소리에
반갑다

옛 선비는 벼슬살이 가면서
고향의 귀뚜라미를 풀숲에 담아
창변에서 울리어 고향 소리를 들었다고 한다

무더위가 끝나지 않았지만
귀뚜라미가 가을바람 데불고 왔다
고맙다.

태풍이 지나간 자리

어수선만 남았다

온다는 말도
간다는 말도 없이
아무렇지 않은 척

검은 그림자 지나갔다

부서지고
무너지고
널브러진 것들 뿐이다

태풍이 지나간 자리
그뿐이겠는가
生의 고비고비에서 만난 수많은 검은 그림자
그 그림자가 나를 단련시켰다.

붕어빵

머리부터 먹을까
꼬리부터 먹을까

요즘 인심처럼
야위어가는 붕어의 몸집
개수도 줄어들어 아쉬운,
추운 날 호호 불며 먹었던
그 흔한 간식거리, 붕어빵
가게들 다 어디로 갔나

유년의 물길에서부터 헤엄치던
뜨근뜨근한
붕어들.

작품론

生의 깊이와 생각의 깊이
- 김은아 시집 『직박구리에게 배우다』

강 경 호
(시인 · 한국문인협회 평론분과 회장)

1.

김은아 시인의 제3시집 『직박구리에게 배우다』는 첫 시집과 두 번째 시집에서 지향해 온 시적 경향들의 연장선상에 있다. 그러나 삶의 연륜이 깊어지는 만큼 시적 의미가 깊어지고 삶에 대한 깨달음과 통찰이 더욱 진지해졌다. 이는 삶을 대하는 시인의 태도가 진정성을 보여주고 있기 때문이다. 이전 시집들이 보여주는 실존적 물음을 삶의 형식으로 깊이 인식하고 있다는 의미이기도 하고 이를 실천적으로 바라보고 있는 까닭이다. 일상과 자연에서 얻는 깨달음의 시편은 그의 삶에서 던져지는 질문을 그가 결코 가볍게 여기지 않는다. 생명성을 탐구하는 시편들 또한 한층 견고해져 생명성의 본질을 묘파하는데 익숙해져 있어 놀라운 변화를 가져왔다. 그리고 고향과 어머니에 대한 사랑은 더욱 과묵한 연민의 모습을 띠고 있어 그가 시를 단순한 언술행위로만 보지 않음을 짐작하게 한다. 특히 이번 시집에서는 김은아 시인이 자신의 내면으로만 침착하지 않고 사회적 상상력을 보여주고 있다는 점은 주목해야 할 대목이다.

서정시가 대상 너머의 진실을 발견하는 것이라면 김은아 시인의 『직박구리에게 배우다』는 앞서 펴낸 두 권의 시집의 시적 경향을 더욱 심화시켜 형이상학적인 지점에서 발화하고 있음을 잘 보여준다.

2.

인간은 보편적으로 세월의 연륜이 쌓여가면서 깨달음의 지혜를 갖게 된다. 그 깨달음은 자연과 사물, 그리고 일상의 사소한 정서적 사건에서 보다 나은 인간의 길을 체험을 통해 얻게 된다. 이러한 시의 변화가 김은아의 시집 곳곳에서 드러나고 있다. 자신의 삶을 좀체로 나타내지 않는 시인의 성정이지만, 시를 쓰는 가장 순수한 마음의 상태에서 시라는 장르가 지닌 여러 장치를 통해 자신의 체험을 객관화시킨다. 이는 시와 시인의 체험이 만나는 지점으로 이번 시집에서 보다 성숙한 면모를 보여준다.

> 마당에 직박구리 한 쌍 찾아왔다
> 늘 함께하는 부부이다
>
> 한참을 두리번거리다가
> 대야에 받아 둔 물에서
> 날개를 펴고 어린아이 물장난치듯

건반 위 음표처럼 경쾌한 몸짓으로
서로의 악기가 되어 연주한다

허공에서 부리를 맞대기도 하고
날갯짓 맞장구 치며
길 없는 길 내며 온

앞서지도 뒤서지도 않는 나란히 가는 길
어느 순간도 같이하여
영원永遠이 된다는 것
직박구리 한 쌍이 가르쳐 주고 날아갔다.
  －「직박구리에게 배우다」 전문

  자연은 언제나 시인에게 영감을 준다. 영감은 상상력의 근원이 되어 새로운 이미지는 물론 정신적 깊이에 이르게 한다. 이 작품에서 화자이기도 한 시인은 마당에 날아와 대야에 받아둔 물에서 물장구를 치는 직박구리 한 쌍을 바라본다. 어쩌면 흔하게 볼 수 있는 정경이지만 화자는 깨달음에 이르는 순발력을 갖는다. 그저 대야의 물에서 물장구지는 직박구리 한 쌍의 즐거운 한때일 뿐인데, 그 모습에서 "날개를 펴고 어린아이 물장난치듯/건반 위 음표처럼 경쾌한 몸짓으로/서로의 악기가 되어 연주한다"고 한다. 시각적 이미지와 청각적 이미지를 변용하여 직박구리 한 쌍의 행위를 서로에 대한 깊은 사랑으로 승화시키고 있다. 서로에게 악기가 된다는 것은 서로를 위한 아낌없는 사랑을 의미한다. 주지하다시피 악기는 음악을 연주할 때 사용하는 도구이다. 그러므로 자신들의 몸이 상대의 감정, 여기에서는 즐거움과 행복한 감정을 표출하는 도구로 작용한다. 이러한 직박구리의 행위는 신뢰를 바탕으로 이루어진 것으로 늘 함께 하기 때문이다. 이 대목을 화자는 매우 구체적이고 섬세하게 그리고 있다. "허공에서 부리를 맞대기도 하고/날갯짓 맞장구 치며"가 바로 그것이다. 오직 상대를 위한 사랑의 몸짓이다. 이러한 직박구리의 행위에서 화자는 "앞서지도 뒤서지도 않는 나란히 가는 길"을 유추한다. 그런 까닭에 화자는 마침내 "어느 순간도 같이하여/영원永遠이 된다는 것"을 직박구리 부부로부터 깨달음의 메시지를 얻는다.

이 작품에서 화자는 시 속에서 물장구를 치고 노는 직박구리 한 쌍을 지켜볼 뿐 전혀 개입하지 않는 관찰자일 뿐이다. 다만 부부새의 행위를 통해 깨달음에 이르고 있다. 인간도 직박구리 부부처럼 살 수 있기를 소망한다. 김은아 시인의 시가 궁극적으로 지향하는 방향이기도 하다.

다음의 「홀로 걷는 가을 길」은 최근 김은아 시인의 정신지리를 느껴볼 수 있는 작품이다.

> 가을 언덕에
> 그녀가 서 있다
>
> 들녘은 배부르고 따뜻한 모습인데
> 소중한 기억들은 하나둘 지워지고
> 어깨에 짊어졌던 바위 같은 짐

아직도 내려놓지 못하고 있다

저물면 내려놓을 수 있으려나
햇살은 쨍쨍한데

그녀의 시선 끝에 촉촉하게 젖어오는
쓸쓸하게 걸어가는 모습

모든 것이 꿈이라고 말하고 싶지만
생의 이면에 켜켜이 쌓인 것들
아이처럼 펑펑 울며 모두 쏟아내고 싶어도
소리죽여 속울음 우는

그녀의 손을 가만히 쓰다듬어 본다
그동안 고생 많이 했다고
그 고생 잊지 않고 있다고
그녀는 그녀에게 말을 건넨다.
- 「홀로 걷는 가을 길」 전문

  이번 시집에서 김은아 시인의 시에서 왠지 모를 우수가 느껴진다. 앞만 보며 열심히 살아온 세월을 보내고 자식들을 키워 세상에 내보낸 뒤에 느끼는 허무랄까? 이 작품은 그런 그에게 스스로를 위로하는 모습이 투영되어 있다. 시제가 말해주듯 인간은 혼자서 스스로의 삶을 살 수밖에 없다. 누군가가 대신해줄 수 없는 단독자이기 때문이다. 그의 삶도 사계로 치자면 '가을'에 접어들었다고 할 수 있다. 가을은 풍요로움과 더불어 쓸쓸함이 공존하는 계절이다. 인생의 가을을 지나고 있는 시인의 내면을 들여다본다.

"가을 언덕에/그녀가 서 있다"는 고백은 화자 자신이 기도 한 그녀가 서 있는 장소이며 공간이다. 가을은 "배부르고 따뜻한 모습"이다. 그러나 여전히 "어깨에 짊어졌던 바위 같은 짐/아직도 내려놓지 못하고 있다" 마음속에 아직 내려놓지 못하는 짐이 있기 때문이다. 화자는 "그녀의 시선 끝에 촉촉하게 젖어오는/쓸쓸하게 걸어가는 모습"이 보여진다. 화자 자신의 모습이다. 그동안 지나온 시간들이 꿈결 같다. "생의 이면에 켜켜히 쌓인 것들"이 마음에 남아있다. 그런 까닭에 아직 부려놓지 못한 짐이 있다고 진술한 것이다. 그런 화자는 "아이처럼 펑펑 울며 모두 쏟아내고 싶"다. 그렇지만 "소리죽여 속울음" 운다. '아직도 내려놓지 못한 짐'이 무엇인지 이 작품은 구체적으로 밝히고 있지 않지만, "쓸쓸하게 걸어가는 모습"은 실존의 본질적인 어떤 것으로 짐작될 뿐이다. 그러나 분명한 것은 화자 내면에 깃든 짐이 그를 속울음 울게 하고 있다는 것이다. 그런 "그녀의 손을 가만히 쓰다듬어" 스스로를 위로한다. 그것은 "그동안 고생 많이 했다고/그 고생 잊지 않고 있다고/그녀는 그녀에게 말을 건"네는 것을 잊지 않는다. 이 작품은 생이 깊어지면서 그동안 열심히 살아온 김은아 시인이 자신에게 건네는 위안의 헌사라고 할 수 있다.

「겨울 섬진강에서」는 보다 깊어진 김은아 시인의 정신

지리를 보여주는 작품이다.

> 강은 추위에 익숙한 듯
> 차고 견고한 정신으로 투명하게 흐른다
> 강은 언제부터 흐르는 법을 알았을까
> 켜켜이 퇴적된 시간의 침묵
> 강을 닮은 사람들은
> 生이 어디에서 와서 어디로 흘러가는지 알지 못한다
> 다만 강물처럼 가슴에 저마다의 무늬를 새기고
> 제 길을 흘러간다
>
> 살아있는 목숨들은 아침이슬 같은 것이어서
> 오래된 강의 시간을 헤아릴 수 없지만
> 강물처럼 피투성이가 되어도 제 길을 가는 것을 알아
> 아무리 견고한 추위와 바윗덩이에 부딪쳐도
> 포기하지 않는다
>
> 문득, 겨울 섬진강에 와서
> 내 가슴 속에 흐르는 강물소리를 들었다.
> ―「겨울 섬진강에서」

이 작품엔 신난한 세월을 살아낸 시인의 시간이 켜켜이 쌓여있다. 더불어 존재의 근원과 본질을 묘파하고 있어 시인이 살아가는 방식과 생의 좌표가 여실하게 나타나 있다.

주지하다시피 흔히 '강'은 유장하게 흘러가는 역사와

온갖 시련을 극복하면서도 묵묵히 살아가는 인간의 의지가 깃들어있다.

화자는 겨울 섬진강에 와서 흘러가는 강물을 바라보고 있다. 겨울강이므로 "차고 견고한 정신으로 투명하게 흐른다"고 겨울강 풍경을 명징하게 노래한다. 강은 끊임없는 질문이어서 "강은 언제부터 흐르는 법을 알았을까"라고 강의 시원과 근원을 묻는다. 이러한 질문은 시간과 생명의 기원에 대한 물음이다. 이는 생에 대한 질문이기도 하다. 강과 인간의 생은 닮았다. 시간 속에 묵묵히 흘러가는 까닭이다. 그러므로 화자는 "生이 어디에서 와서 어디로 흘러가는지 알지 못한다"고 진술한다. "다만 강물처럼 가슴에 저마다의 무늬를 새기고/제 길을 흘러간다"고 한다. 강물처럼 흘러가는 것이 인생이지만 제각기 자신의 삶을 살고 있음을 말한다. 이 작품에서 화자는 '강'과 '인간'을 같은 존재로 비유하기도 하지만, 그러면서도 강에 비해 인간의 삶은 지극히 찰라적인 것으로 인식하고 있다. "살아있는 목숨들은 아침이슬 같은 것"이라는 화자의 진술이 바로 그것을 말해준다. 그러면서도 '강'과 '인간' 모두가 "피투성이가 되어도 제 길을 가는 것"이라는 멈출 수 없는 존재로 인식하고 있다. 즉 "아무리 견고한 추위와 바윗덩이에 부딪쳐도/포기하지 않는다"라고 말하는 것이다. 화자의 이러한 인식은 오래 흘러온 강물과 지금까지 불굴의 의지로 강물처럼 흘러온 인간의 삶이 서로 닮아있으므로 겨울 섬진강을 바라보는 화자는 삶의 의지를 강하게 다짐한다. 그러므로 화자는 "내 가슴 속에 흐르는 강물소리를 들었다."고 할 수 있는 것이다.

이밖에도 김은아 시인의 삶의 지표를 읽을 수 있는 작품으로 「흔들리는 길」이 있다. 폭설주의보가 내려 칼바람 속에서 출근하는, 위태롭지만 삶에 충실한 화자의 모습과 폭설 속의 가족 안부를 걱정하는 모습이 강인하고 따스하다. 이렇듯 시련 속에서 이를 극복하며 살아가는 인간의 모습을 "천 번을 흔들려야 꽃이 피고/천 번을 흔들려야 엄마가 되고/천 번을 흔들려야 강을 건널 수 있다"고 한다.

「가방의 무게」에서는 가방의 무게를 인간이 진 짐으로 인식하기도 하지만, "생각에도 무게가 있으니/마음을 비워야" 한다는 '짐'에 대한 역설을 보여주기도 한다.

「묘지」는 삶과 죽음에 대한 시인의 생각의 일단을 엿볼 수 있다. 길가에 있는 묘지가 "사람들 기억 속에서/점점 잊혀져 가는 것처럼/봉분은 낮아지고,/잔디도 사라"진다고 한다. 아웅다웅 살다가 마침내 흙으로 돌아가는 자연의 섭리와 생의 덧없음을 노래하고 있다.

3.

김은아 시인의 첫 시집에서부터 끈질기게 천착하는 시적경향의 하나는 '생명성 탐구'이다. 이러한 그의 시적 관심은 자연에 대한 애정에서 연유한다고 봐야 한다. 자연을 노래한 시편은 동서고금을 막론하고 인류의 역사와 함께해 왔다. 특히 동양적 사유의 원천은 자연을 숭배해 온 우리 선조들의 삶의 태도에서 기인하였다. 자연보다 낮은 자세로 인간을 자연의 일부로 인식해 온 겸손의 미덕은 자연의 생태적 특징을 인간의 삶에 적용시켜 그것을 닮고자 하였다. 김은아 시인이 자연을 바라보는 시선도 이와 궤를 같이 한다.

> 지리산 천왕봉 오르는 등산로
> 구상나무 공동묘지
> 죽음의 전시장이다
>
> '살아 백 년'이라는 구상나무가
> 하얗게 탈색되어 가는 몸부림
> 한반도에서 호랑이가 사라졌듯
> 토종 구상나무를
> 영원히 볼 수 없을지도 모른다
>
> 기온은 점점 뜨겁게 차오르고
> 눈이 오지 않아, 비도 오지 않아
> 나무도 사람도 숨쉬기 버겁다
> 불볕더위와 강풍, 건조한 날이 늘어
> 산불도 늘어간다
> 식수원이 고갈되고 있어
> 목이 마르다
>
> 높은 산에 깃든
> 우리들의 산신령

구상나무가 아프다고 한다.
- 「구상나무가 아프다」 전문

화자는 등산로를 따라 지리산 천왕봉을 오르고 있다. 산을 오르다 보니 "구상나무 공동묘지"가 있다. 이것을 화자는 "죽음의 전시장"이라고 한다. 이 작품의 서두에서부터 '공동묘지' '죽음의 전시장'이라는 섬뜩한 이미지가 불길하다. 이 불길함은 인간이 자초한 것이다. 인간의 욕망으로 인해 지구환경을 오염시켜 기후온난화현상을 불러일으켰기 때문이다. 우리나라 원산지로 알려진 구상나무는 비교적 서늘한 고산지대에서 군락을 이루고 살아간다. 그런데 지구가 점점 뜨거워지면서 더 오를 수 없는 구상나무는 말라죽어가고 있다. 이러한 풍경을 지리산에서 마주한 화자는 '구상나무 공동묘지' '죽음의 전시장'이라고 말하고 있다. 참으로 비극적인 현장이다. 구상나무는 기후온난화 때문에 죽어가고 있고 우리와 함께 오래 살아온 호랑이도 오래전에 이 땅에서 사라지고 말았다. 화자는 토종 구상나무를 영원히 볼 수 없을지도 모르는 불길함에 안타까운 마음을 감추지 못한다.

오늘 우리가 살고 있는 땅은 "기온은 점점 뜨겁게 차오르고/눈이 오지 않아,/비도 오지 않아/나무도 사람도 숨 쉬기 버겁다". 뿐만 아니라 "불볕더위와 강풍, 건조한 날이 늘어/산불도 늘어"가고 있다. "식수원이 고갈되고 있어/목이 마르다". 이러한 현상은 전 지구적으로 일어나고 있어 푸른 별 지구는 몸살을 앓고 있다. 이제 이러한 일들은 일상이 되어가 지구의 미래는 불투명한 지경에 이르고 있다.

이 작품의 말미에서 화자는 구상나무는 '산신령'이라고 부른다. 산신령은 무속신앙에서 초월적인 힘을 지닌 상징적인 존재이다. 그런데 과학문명이 미신의 대상인 산신령을 죽이고 있는 것이다. 오히려 합리적인 과학이 한때 우리 믿음의 대상이었던 '산신령'을 죽이고 미신화되고 있는 것은 인간의 탐욕이 부른 참사가 아닐 수 없다. 화자는 '구상나무' 즉 산신령의 부활을 위한 생명성을 옹호하고 있다.

다음의 「하얀 고양이」에는 늘 우리 주변에 있는 길고양이들을 연민으로 바라보는 시인의 뜨거운 눈길이 있다.

길고양이 밥을 챙겨주는
남자가 있는 마을
까치도 전봇대에 앉아 밥을 기다리고
소란스럽게 목청 세우는 날이 많아졌다

우연히 사무실에 나타난 고양이
밥 달라고 하는 건지 가지 않고
야옹야옹 연신 울어댄다
먹다 남은 생선 주어도
제 집인 양 어슬렁거리다가
높은 지붕에 올라가 내려오지 못하고 울어댄다
나무로 발판을 만들어줘도 못 내려오는데

어쩌란 말이냐

퇴근해야 하는데
결국, 밥 챙겨주는 남자를 불러오자
조심조심 내려오는
겁 많은 하얀 고양이
치명적인 귀여움이 불러 일으키는
생명에의 연민.
  　　　　　　　　　　－「하얀 고양이」 전문

 흔히 '길고양이'라고 부르는 고양이들은 참으로 고단하게 살아가고 있다. 오래전 인간에게 순치되어 인간과 함께 살았지만, 인간에게 버림받아 길거리에 방치되었기 때문에 야생으로 떠나지 못하고 있다. 여전히 인간의 손길이 필요한 터다. 그런 길고양이들을 돌보는 사람들을 우리는 쉽게 볼 수 있다. '남자'도 그런 사람이다. 길고양이에게 밥을 주변 전봇대의 까치도 함께 하려고 한다. 그러므로 남자는 여러 생명들을 먹여 살리고 있는 셈이다. 인간을 크게 두려워하지 않는 길고양이가 "우연히 사무실에 나타"났다. "야옹야옹 연신 울어댄다" 길고양이의 마음을 읽을 수 없어 답답하다. 생선을 주기도 했지만 높은 지붕에 올라가 내려오지 못하고 울어대기만 한다. 화자는 저녁무렵이 되어 퇴근해야 하는데 길고양이가 밖으로 나가지 않으니 낭패다. 생각 끝에 길고양이에게 밥을 주던 남자를 불러오자 마침내 고양이가 내려온다. 이와 유사한 길고양이의 에피소드는 많을 것이다. 화자가 겪은 길고양이 사건은 어쩌면 사소한 일일 수 있다. 우리는 이 작품을 통해 고양이를 애완동물, 또는 반려동물로 만들기 위해 순치한 인간의 욕망과 고양이를 길거리로 내몬 인간의 욕망에 대해 생각하지 않을 수 없다. 그러면서도 이 작품의 화자는 길고양이의 돌출 행위에도 감정을 드러내지 않고 마침내 높은 지붕에서 내려오게 하는 따스한 마음을 보여준다. 화자를 움직이게 한 힘은 길고양이의 "치명적인 귀여움이 불러 일으키는/생명에의 연민"이 작용했기 때문이다.

「역설」은 지금까지 보아온 생명성 탐구와는 그 성격이 매우 다르다.

> 창녕 옛 고분 속에서
> 많은 귀금속이 출토되었어도
> 15세 어린 소녀는
> 아무것도 지닌 것이 없다
>
> 몸종으로 살았을 뿐인데
> 주인의 죽음에 독살되어
> 천오백 년을 죽지 못했다
>
> 주인의 뼈는 사라졌지만
> 독이 묻은 몸은 죽지 않고
> 잡 벌레 하나 범하지 못한
> 역설.　　　　　　　　　-「역설」전문

이 작품은 1500년 전 가야 지배계층의 죽음에 함께 묻힌 몸종의 억울한 죽음이 깃든 역사성과 함께 몸은 죽었어도 오히려 "잡 벌레 하나 범하지 못한" 영원한 생명성을 노래하고 있다. 작품의 현장은 "창녕 옛 고분 속"이다. 그곳에서는 무덤의 주인인 세력가를 암시하는 "많은 귀금속이 출토되었"다. 무덤에는 죽어서도 부귀를 누릴 수 있다는 내세관이 깃들어 있다. 15세 어린 소녀가 주인의 죽음에 내세에서도 몸종으로 주인을 모셔야 한다는 그 시대 사람들의 믿음에 의해 독살되었지만, 오히려 "천오백 년을 죽지 못했다" 주인은 형체도 없이 사라졌지만, 형체를 온전히 간직하고 있는 소녀는 몸에 독이 있는 까닭에 신체를 보존했다. 그러므로 '죽지 않았다'고 할 수 있다. 주인처럼 "많은 귀금속"을 갖지 못했지만 오히려 죽지 않은 역설을 통해 천오백 년 전 그대로의 모습을 지니고 있어, 죽었어도 죽지 않은 생명을 지녔다고 할 수 있다. 이 작품의 배경에는 신분의 차이를 보여주는 그 시대의 사회성과 풍속이 전제되고 있지만, 권력과 물질적 풍요를 가진 사람의 욕망이 어린 소녀까지 무덤으로 데리고 간 살인행위라는 폭력성이 엿보인다. 이 작품은 본질적으로 어떤 정신이 진정하고 영원한 생명인지를 말해주고 있어 근원적인 생명성과 가치를 노래하고 있어 주목된다. 또한 생태학적 상상력이 한계를 극복하고 생명시가 나아갈 방향성을 제시하고 있다.

이밖에 생명성을 탐구하고 있는 「잡초」는 인간의 이념

에 의해 '잡초'는 제거해야 할 대상이지만 화자는 "잡초는 미천한 신분으로 대접하는/인간의 심사가 고약하고 불편"하다는 시인의 생명관을 보여주고 있다.

「봄 공원에서」는 생명성에 대한 구체적인 정황을 그려내지 않았지만 봄이 되어 모든 생명체가 환호작약하는 날 "공원의 멧비둘기 한 쌍"이 열심히 먹이를 쪼는 모습을 바라보는 화자가 "괜히/기분이 좋아진다."는 진술만으로도 생명의 환희가 느껴진다.

「지리산의 봄」은 다시 찾아온 봄 지리산 산비탈에서 고사리를 뜯으며 일생을 보낸 노인의 모습에서 "허리 펼 새도 없이 고사리 끊는 사이/관절 꺾어지는 줄 몰랐다"는 화자의 인식의 태도가 고사리 꺾어 자식들을 키운 노인의 삶 자체를 끈질긴 생명의 원동력으로 보고 있는 것이 생명의 본질을 관통하고 있다.

4.

고향애와 어머니의 사랑을 노래한 김은아 시인의 시편들은 아프고 애잔하다. 산업화의 뒤안길에서 쇠락해 가는 고향마을은 시인의 추억이 깃든 장소이자 공간으로 시인의 정신적 총체성의 근거가 된다. 이렇듯 추억의 장소가 사라져가는 것에서 시인은 상실감을 갖게 된다. 또한 어머니의 사랑을 노래한 시편들에서는 치매로 인해 아득한 과거의 시간에 머물러 있는 어머니를 바라보는 시인의 심정은 형언할 수 없는 안타까움과 연민으로 어머니를 바라본다. 더불어 늙어서도 자식들 끼니 걱정을 하는 모정이 커다란 사랑임을 깨닫는다. 한편 봄바다에 나가 감태를 채취하며 자식들을 키워낸 어머니의 굽은 허리에서 뜨거운 모정을 읽어내는 시인의 마음이 왠지 슬프다. 그것은 자신을 희생시켜 자식들을 위해 바친 일생이라는 것을 알고 있기 때문이다. 이처럼 서정시는 고향과 어머니의 따뜻함을 과감없이 순수하게 드러내는 힘을 지녔다.

    천사대교 놓여지면서
    여객선이 끊기고
    선착장엔 고요가 깊어간다

    배를 타기 위해 줄 섰던 차들, 매표소에서 표를 끊고 배가 어디쯤 오고 있는가 수평선을 바라보던 날들이 사라지니, 우연히라도 고향 사람들 보기 힘들어졌다

    노둣길 따라 고둥과 소라 줍던 추억, 관광지로 개발한다고 사람들 이주시켜 무인도가 되어버린 추억 깃든 거사도

    대숲이 빈집들을 뒤덮었는데
    돌담이 안간힘으로 버티고 있다
    아직도 사람의 흔적이 곳곳에 남아
    폐허가 되어가는 뒷모습이 아프다

    밀려왔다 밀려가는 파도는
    허전한 마음을 뒤흔든다

해와 달이 품고 지켜주고 보듬어 주었던
팔금도의 따뜻한 봄날,
마음 한켠이 시려온다.
- 「팔금도 3」 전문

팔금도는 김은아 시인의이 태어나고 자란 고향이다. 이곳에서 육지로 나와 살고 있는 시인의 기억 속에는 고향에 가기 위해 "배를 타기 위해 줄 섰던 차들, 매표소에서 표를 끊고 배가 어디쯤 오고 있는가 수평선을 바라보"기도 하였다. 뿐만 아니라 고향사람들을 만나 안부를 묻기도 한 선착장은 설레임과 그리움이 교차하는 장소였다. 그런데 이제는 고향사람들 보기 힘들어졌다. 많은 사람들이 고향을 떠나버렸기 때문이다. 고향을 생각하면 "노둣길 따라 고둥과 소라 줍던 추억"이 떠오른다. 그런데 관광지로 개발한다는 미명 아래 사람들을 이주시켜 무인도가 되어버린 추억이 깃든 거사도의 이야기는 시인에게 슬픔의 장소가 되어버렸다. 그러므로 고향은 옛 고향의 모습이 아니다. "대숲이 빈집들을 뒤덮었"고, "돌담이 안간힘으로 버티고 있다". 사람의 손길이 끊어졌다. "아직도 사람의 흔적이 곳곳에 남아/폐허가 되어가는 뒷모습이 아프다". 여전히 파도는 밀려왔다가 밀려 가는데 화자는 마음이 허전하고 심란하다. 봄날이 되었어도 마음 한켠이 시려오는 이유이다.

사람들이 떠나가는 쇠락한 고향마을에 대한 슬픔과 더불어 김은아 시인의 또다른 마음 한켠에 어머니에 대한 안타까움이 배어있다.

    쌀독의 쌀이 자꾸 줄어든다며,
    '느그 오빠가 쌀을 퍼다가 팔아먹어야'
    '엄마가 밥 해서 먹으니까 줄어드는 거여'
    '내가 쌀이 줄어드는 것도 모르는 멍충이 인줄 아냐'

    평생, 혼자서
    자식들 굶기지 않고 키우려고 고생하셨을
    그 마음이 늙은 쌀독에 넉넉하다
    풍요로운 세상이지만
    쌀이 줄어드니 행여 자식들 굶주릴까 봐
    마음이 편치 않다

    엄마, 우리 밥 굶지 않고
    잘 살고 있으니 걱정하지 말아요
    지금 쌀밥나무에 쌀밥이 주렁주렁 매달렸으니
    이제 밥걱정 안 해도 돼요
    하얀 쌀가루 가득 뿌린 쑥버물로 피어나니
    더 맛있게 먹을 수 있어요

    멈춰버린 엄마의 시간 속에서
    밥 달라고 우는 자식이 있었는갑다

    처연하게 꽃대를 피우고
    오래된 세월 계절 속을 혼자 걷는 이팝나무에게
    '걱정하지 말아요'라고 전한다.

- 「이팝나무」 전문

  이 작품은 비유, 특히 '어머니'를 '이팝나무'로 은유화하고 있다. 객관적 상관물인 이팝나무와 어머니는 유사성을 지녔다. 풍성하게 꽃피운 이팝나무를 예로부터 쌀밥을 의미하는 '이팝'나무라고 불렀다. 어머니 또한 자식들에게 늘 밥이 되어온 까닭에 이팝나무와 어머니는 비유의 대상이 되곤 하였다. 가난한 시절 자식들 배고플까봐 어머니는 언제나 쌀걱정을 하였다.

  치매에 걸려서도 "느그 오빠가 쌀을 퍼다가 팔아먹"는다고 한다. 배고픈 시절에서 시간이 멈춘 어머니는 "평생, 혼자서/자식들 굶기지 않고 키우려"는 생각에 집착한다. 기억을 잃어버렸어도 자식들을 굶기지 않으려는 어머니의 마음은 쌀독처럼 넉넉하다. 오늘날, 모든 것이 풍요로워 넘치는 세상이지만 비록 기억이 사라져가고 있지만 자식 걱정하는 어머니의 마음을 화자는 '늙은 쌀독'이라고 한다. 이러한 어머니의 마음을 읽고 있는 화자는 "쌀밥나무에 쌀밥이 주렁주렁 매달렸으니/이제 밥걱정 안 해도 돼요"라고 어머니를 안심시킨다. 쌀밥나무는 화자의 생활의 넉넉함을 말해주는 '이팝나무' 같은 풍요의 기표이다. 그러나 화자의 유년에는 어머니가 이팝나무 같은 존재였다. 이후 어머니는 "처연하게 꽃대를 피우고/오래된 세월 계절 속을 혼자" 걸어왔다. 그 이팝나무 같은 어머니에게 "'걱정하지 말아요'라고 전한다." 살펴본 것처럼 서정시는 시적 대상과 화자의 따뜻한 마음이 조응할 때 그 감흥이 배가 된다.

어머니에 대한 시인의 기억은 "세월로 짓고 땀으로 지은/어머니가 지은 밥상"(「어머니의 밥상」)을 회억한다. 그러나 어머니는 지금 시골집에 계신다. 홀로 계신 어머니가 안 잊혀 "반찬 몇 가지 챙겨 시골집에" 간다. 정신이 흐려진 어머니는 자식인 화자가 양로원에 자신을 넣으려고 왔다며 불안해 하고, 그런 어머니를 위로한다.(「걱정 마셔요」) 이러한 상황은 화자에게만 있는 일이 아닐 것이다. 그러므로 우리 사회가 당면한 사회적문제로 참으로 가슴아프기도 하지만 따뜻한 위로가 되기도 한다.

쇠락해 가는 고향을 노래한 「팔금도 3」처럼 「늙어가는 섬」 또한 노인들만 고향을 지키는 모습을 아프게 그리고 있다. 「늙어가는 섬」은 몸이 아파 성한 데가 없어 약으로 살아가는 고향 어른들의 모습을 명징하게 그려냈다. 시인은 그런 고향에 와서 "야속한 세월"과 더불어 어떤 슬픔의 정서를 읽어내고 있다.

5.
서정시는 시인이 살고있는 시대의 현실을 담아낼 책무가 있다. 시로써 세상을 근본적으로 변화시킬 수 있는 것은 아니지만, 시대적 상황을 가시화시켜 관심을 유도하고 어떤 본질을 제시할 수 있다. 김은아 시인의 이번 시집에서 특히 눈에 띄는 변화는 사회학적 상상력에 대한 관심을 보여준 부분이다. 최근 지구촌 모든 사람이 겪은 코로나19 팬데믹과 광주민중항쟁, 세월호 침몰, 제주 4·3 사건 등 국가 폭력의 비극성과 그것들을 위로하는 시인의 노래는 때로는 처연하고 때로는 따스하다.

> 그 봄날 이후
> 팽목항 관제탑 주변,
> 갈매기의 목도 쉬었다
>
> 해는 서산으로 기울어 가고
> 관제탑은 바다만 바라본다
>
> 노란 리본들 바람에 펄럭이고
> 쓸쓸한 바닷가는 인기척도 없다
>
> 어린 것들을 수장시키고
> 가슴에 묻은 대한민국
> 꽃피는 봄날이지만,
> 환한 봄날이지만, 아무도 웃지 않는다
>
> 가슴에 깊이 박힌 못
> 언제 뽑을 수 있을까
>
> 어질어질 석양에 얼비치는
> 이름 모를 이름들
> 애써 그려보는
> 슬픈 봄날.   -「팽목항에서」전문

2014년 4월 16일, 우리는 뒤통수를 맞은 듯한 충격에 휩싸였다. 수백 명의 어린 학생들이 배를 타고 수학여행을 가다가 침몰하여 희생당했다. 이 비극적인 사건은 우리에게 국가가 왜 존재하는지와 생명의 존엄성에 대한 질문을 하게 하는 계기가 되었다. 10년이 지났지만 여전히 해결하지 못한 우리 사회의 한계를 확인하였다. 슬픔에 빠진 사람들은 사고현장에서 가장 가까운 팽목항으로 달려가 슬픔을 함께 나누고 분노하고 위로하였다. 화자 역시 팽목항에서 사람들이 매달아놓은 노란 리본을 바라보며 절망한다. 다시 봄이 와 "꽃피는 봄날이지만,/환한 봄날이지만, 아무도 웃지" 못하는 현실을 가슴아파한다. 화자는 희생자들을 알지 못하지만 "어찔어질 석양에 얼비치는/이름 모를 이름들/애써 그려"본다. 사람들의 관심이 어느 정도 시들해진 그 무렵 "노란 리본들 바람에 펄럭이고/쓸쓸한 바닷가는 인기척도 없다" 세월호가 침몰한 봄날 이후 온 나랏사람들은 일종의 트라우마가 생겨 세월호 사건은 그것을 기억하는 모든 사람들의 상처가 되었음을 인식한다. 심지어 "팽목항 관제탑 주변,/갈매기의 목도 쉬었다"고 노래한다. 앞에서 밝힌 것처럼 이 사건은 많은 문제를 노출시켰다. 국가의 존재성과 제도의 허점, 자본에 대한 욕망을 비롯한 여러 문제가 이 사건을 유발시킨 것으로 확인되고 있다. 화자는 "어린 것들을 수장시키고/가슴에 묻은 대한민국"에서 보듯 국민의 생명을 지켜주지 못한 국가와 이를 운용하는 시스템의 미비에 대해 분노하고 있다. 그리고 아픈 마음으로 "해는 서산으로 기울어 가고/관제탑은 바다만 바라본다"고 쓸쓸하게 노래하고 있다.

「검은 그림자」는 지난 3년 동안 전지구적으로 인류 역사 이래 처음 맞은 '코로나19' 팬데믹에 대해 그 실상과 불안한 정서를 드러내고 있다. 이러한 화자의 내면에 감춰진 것은 인간의 탐욕에 대한 경계일 것이다.

    텅 빈 운동장
    아이들이 두고 간 축구공만이
    덩그마니 놓여있고
    팽나무 그늘 의자 밑에서
    참새 무리만 재잘거린다

    예식장에도 장례식장도
    감정을 잃어버린지 오래
    마스크를 쓰는 일은 예의가 되었다

    사람들이 모이는 곳이면
    투명하고 검은 그림자들이 어른어른
    서로에 대한 믿음이 사라진지 오래
    오직 제 얼굴을 꼭꼭 가리는 일이
    나를 단속하는 일이 되었다

    우리가 서로 사랑한 적이 있었나
    우리가 서로 얼굴을 바라보며 웃어본 적이 있었나

> 히로시마에 떨어진 원폭처럼
> 우리 사이를 비집고 폭발하는 검은 그림자
> 오늘도 무사할 수 있을까.
>
> - 「검은 그림자」 전문

'코로나19' 팬데믹으로 인해 인류는 새로운 삶의 방식의 전환을 가져왔다. 서로 손을 잡고 얼굴을 비비던 행위는 더 이상 미덕이 되지 못한다. 가까이 가기보다는 서로 떨어지는 것이 상대에 대한 예의가 되고 스스로를 지키는 방법이 되었다. 사람들도 함께 모이는 것을 꺼려했다. 이런 변화에 대해 화자는 "텅 빈 운동장/아이들이 두고 간 축구공만이/덩그마니 놓여있"다고 한다. 장례식장은 물론 예식장에서도 "마스크를 쓰는 일은 예의가 되었다" 그러므로 서로를 알아보지 못하고 어처구니없는 일이 벌어지곤 하였다. 서로에 대한 믿음도 사라지고 혹시 감염자가 아닌가 하는 의심의 눈초리를 갖게 되었다. "오직 제 얼굴을 꼭꼭 가리는 일이/나를 단속하는 일이 되었다". 이러한 현실에서 화자는 "우리가 서로 사랑한 적이 있었나/우리가 서로. 얼굴을 바라보며 웃어본 적이 있었나"하며 사랑하면 얼굴을 바라보며 웃는 것일진대 그렇지 못한 현실을 참담하게 노래하고 있다. 즉 코로나19 때문에 "오늘도 무사할 수 있을까."라고 절망한다.

위의 작품은 코로나19로 인해 변해버린 생존방식의 비정함을 폭로하고 있다. 이 비극의 원인은 탐욕스러운 인간의 욕망이 불러온 것으로 비참한 현실을 형상화함으로

써 역설적으로 인간의 탐욕에 대한 성찰을 기대하고 있다고 믿는다.

「주먹밥」은 1980년 5월에 일어난 광주민중항쟁의 상처 속에서도 인간다움을 잃지 않은 광주시민들의 용기를 노래한 작품이다.

> 거리에 솥을 걸고 밥을 지어
> 시민군에게 나누어주던
> 주먹밥
>
> 둥글게 밥을 지은 것은
> 주먹으로 하라는 뜻이 아니라
> 그 주먹을 펴고
> 폭력에게 손을 내밀기 위한 포즈
>
> 누가 시키지도 않았는데
> 둥근 마음들
> 밥풀처럼 찰지게 뭉쳐
> 하나가 된 주먹밥들
> 신군부의 진압에 맞서
> 한세상 이루었다
>
> 그 뜨거운 오월
> 단 한 건의 범죄도 일어나지 않은
> 광주의 마음
> 끈끈한 풀기로 주먹밥이 되었다.
> 　　　　　　　　　　　－「주먹밥」 전문

광주민중항쟁은 국가 폭력에 대한 저항운동이다. 신군부의 권력욕과 유린받는 민주주의 수호, 정의로운 인간의 모습이 오버랩된 이 시민항쟁을 화자는 시민들의 용기를 형상화하고 있다. "거리에 솥을 걸고 밥을 지어/시민군에게 나누어주던/주먹밥"은 광주민중항쟁이라는 시민운동의 기저에 깔려있는 숭고한 정신을 상징적으로 나타낸 대목이다. 화자는 광주시민들의 용기와 정의로움과 더불어 주먹밥을 둥글게 지은 것에서 "주먹으로 하라는 뜻이 아니라/그 주먹을 펴고/폭력에게 손을 내밀기 위한 포즈"로 승화시키고 있다. 시민군이 신군부의 총칼에 대항하였지만, 민주시민들은 "밥풀처럼 찰지게 뭉쳐/하나가 된 주먹밥들/신군부의 진압에 맞서/한세상 이루었"음을 상기시킨다. 그런 까닭에 광주민중항쟁 기간 동안 단 한 건의 범죄도 일어나지 않았던 것이다. 이러한 이유가 '주먹밥'으로 상징되는 "광주의 마음"이라고 하며 "끈끈한 풀기로 주먹밥이 되었다."고 한다. 광주민중항쟁을 노래한 많은 시편들과는 달리 김은아 시인의 「주먹밥」은 광주민중항쟁의 의미를 한차원 높게 새로운 해석을 한 것으로 볼 수 있다.

　이밖에 국가폭력으로 빚어진 「동백꽃」은 4 · 3 사건 75주년을 맞는 시인의 심정을 담아낸 것으로 무참하게 죽음으로 당한 여수 · 순천 시민들의 죽음을 위로하고 오랜 시간 동안 "그들을 그냥 내버려 두어야 했"는지 우리가 우리에게 묻고 있다.

「재난문자」는 최근 비가 오지 않아 생활의 불편을 겪은 사건의 실상과 시인의 심정을 노래한 작품으로, 가뭄을 재난으로 인식하는 시인의 생각이 투사되어 있다.

「영웅이라고 부르지 마」는 사회학적 상상력을 보여주는 시편들과는 거리를 두고 있는 작품으로 구국을 위해 침략원흉 이토히로부미를 암살하고 사형당한 안중근 의사의 의로운 행동에 대한 시인의 새로운 인식을 보여주는 작품이다. 모두가 그를 영웅으로 추앙하지만 안중근 의사가 자신이 영웅임을 부인함으로써 갖는 의미가 어떤 것인지를 말해주고 있다. 이토히로부미의 심장을 쏜 것은 "제국주의의 양심으르 일깨"운 일이며, 감옥에서 항소하지 않은 것은 스스로가 죄인이 아니라는 역설인 것이다. 그렇기 때문에 안중근 의사는 영웅이 아니지만, 오히려 위대한 영웅임을 시인은 말하고자 한다.